ORAISON FUNÈBRE

DE

J.-M. DE LA MENNAIS.

ORAISON FUNÈBRE

DE

J.-M. DE LA MENNAIS,

PRONONCÉE

PAR M. L'ABBÉ **BELOUINO**,

Dans la Chapelle des Filles de la Providence, à Saint-Brieuc

Le mardi 22 Janvier 1861.

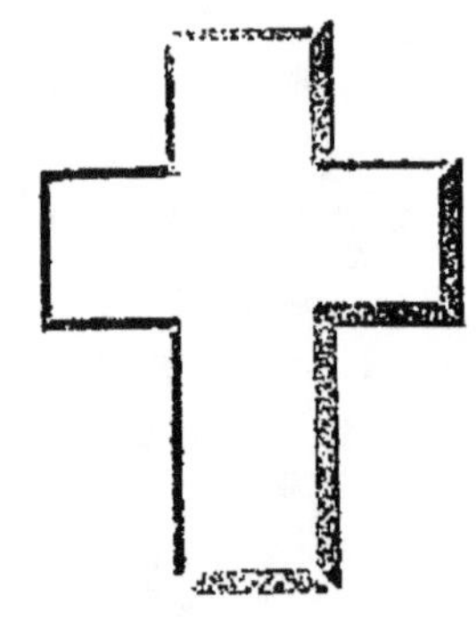

SAINT-BRIEUC,

IMPRIMERIE DE L. PRUD'HOMME. — 1861.

*Ego elegi vos et posui vos ut ea-
tis et fructum afferatis , et fructus
vester maneat.*

C'est moi qui vous ai choisis et qui
vous ai placés , afin que vous alliez,
que vous portiez du fruit , et que
votre fruit demeure.

(JOAN. XV. 16.)

MONSEIGNEUR (1),

S'il est vrai qu'il faut se garder de pro-
diguer l'éloge, surtout dans le sanctuaire
de Celui qui trouve des taches dans les
Anges (2), et devant lequel toutes nos jus-
tices ne sont qu'un linge souillé (3), il est
vrai aussi que la Sagesse éternelle nous in-

(1) Mgr Martial , Evêque de Saint-Brieuc et Tréguier.
(2) In angelis suis reperit pravitatem. *Job*. IV.
(3) Quasi pannus menstruatæ universæ justitiæ nostræ. *Is*. LXIV.

vite à louer « ces hommes pleins de gloire
» et nos pères en leurs générations , sur
» lesquels le Seigneur a signalé sa gloire
» et sa magnificence (1).

Non , certes , que nos éloges ajoutent
beaucoup à l'éclat dont resplendit leur mémoire ; « Toute louange », a dit Bossuet
(2), « languit auprès des grands noms. »
Mais le souvenir de leurs vertus est un
phare qui projette sa lumière sur les flots
obscurs de notre vie , et nous encourage à
lutter intrépidement contre les tourmen-
tes , afin d'amener notre nacelle aux bien-
heureux rivages sur lesquels notre espérance aime à les contempler.

C'est pourquoi, Monseigneur, vous m'or-
donnez aujourd'hui de monter dans cette
chaire. Ainsi que vous vous êtes plu à le
redire , il s'agit d'un homme qui a bien
mérité de la sainte Eglise universelle , et
que votre Eglise de Saint-Brieuc en particulier doit mettre au rang de ses bienfai-

(1) Eccli. XLIV.
(2) Orais. funèbre du Prince de Condé.

teurs insignes. Dejà vous avez commencé de lui payer notre dette : il nous souvient de la délicatesse avec laquelle vous répariez naguère un oubli immérité (1) ; votre présence à cette cérémonie funèbre, malgré la cruelle douleur qui vous afflige (2) ; la pompe dont vous avez voulu l'environner, attestent que la reconnaissance de l'Evêque sait poursuivre son objet, même au-delà du tombeau.

Pour nous, M. F., qui aurions le devoir, mais qui n'avons pas le droit de vous dire avec l'Apôtre : « Soyez mes imitateurs, » comme je le suis de Jésus-Christ (3) », nous sommes heureux d'avoir un beau modèle à vous offrir dans la personne de vénérable et discret Messire Jean-Marie Robert de La Mennais, ancien vicaire général et capitulaire de ce diocèse, ancien

(1) Monseigneur venait de conférer à M. De La Mennais le titre de Chanoine honoraire de sa cathédrale.

(2) La sœur du Prélat était ce jour même à la dernière extrémité.

(3) I. Cor. XI.

vicaire général de la Grande-Aumônerie de France , chanoine honoraire de notre cathédrale et de plusieurs autres , chevalier de la Légion-d'honneur , fondateur et supérieur de l'Institut des Frères de l'Instruction chrétienne et des Filles de la Providence.

Il y a quelques années , un homme rendait avec son âme le riche dépôt que Dieu lui avait confié et dont il lui a demandé compte. Cet homme avait joui d'une immense renommée ; tous l'avaient proclamé un génie de premier ordre , et l'impiété avait appris à trembler, lorsqu'il revêtait son armure pour le bon combat. Et cet homme, qui depuis longtemps avait passé à l'ennemi , arrivé à l'heure suprême, n'a point voulu revenir sous nos drapeaux ; il a refusé les bénédictions de cette Eglise qui chanta sur son berceau le cantique de l'espérance, et qui l'a si longtemps poursuivi de son amour ; l'eau sainte n'a point arrosé son cadavre, et la croix ne s'est point dressée sur la tombe d'où il sortira un jour, pour apparaître devant son Juge. On dit qu'à l'agonie une larme a coulé de ces yeux qui n'en savaient plus répandre. Puisse-t-elle avoir été une larme de repentir, et puisse-t-elle être de quelque poids dans la redoutable balance !

Peu de jours ont passé depuis qu'on a vu une autre mort et d'autres funérailles ; mort précieuse, mort consolante, mort vivifiante pour la famille privée de son père ; funérailles accomplies au milieu des larmes ; mais ces larmes n'avaient rien d'a-mer, car la religion est venue y mêler les siennes.

L'esprit de Dieu compare le cours de notre vie au cours d'un fleuve : «nous nous » écoulons sur la terre comme les eaux qui » ne retournent pas (1) ». Ces deux exis-tences si différemment terminées, ces deux fleuves, qui ont porté le tribut de leurs eaux à des mers qu'une distance in-finie sépare, ont eu pourtant une source

(1) II. Reg. XIV.

commune. Ces deux hommes , les mêmes entrailles les ont portés , le même sein les a nourris , le même toit abrita leur enfance. Longtemps, la même foi les illumina de ses splendeurs , les mêmes espérances brillèrent à leurs yeux , le même amour fit battre leur cœur , le même sacerdoce éternel les a honorés. D'où vient qu'une même mort ne les a point réunis ? *In morte sunt divisi.* M. F. , à cette question, Dieu seul peut répondre. Et si , à l'aide des saints Livres, nous voulons présumer la réponse, nous trouverons cette parole du Sauveur : « Deux hommes seront dans un champ ; » l'un sera pris et l'autre sera laissé (1) », *unus assumetur et unus relinquetur ;* et cette autre de saint Pierre : « Dieu résiste » aux superbes; et donne sa grâce aux » humbles (2)». Mais plutôt , qu'il nous suffise de dire avec l'Apôtre S. Paul : « O » profondeur des trésors de la sagesse et » de la science de Dieu ! que ses juge-

(1) Matth. XXIV.
(2) I. Pet. V.

» ments sont incompréhensibles et qu'im-
» pénétrables sont ses voies (1) ».

Quoi qu'il en soit, la vie de Jean-Marie
DE LA MENNAIS, comme celle de tout prêtre
digne de ce nom, doit se résumer dans les
paroles que j'ai prises pour texte de ce
discours : « C'est moi qui vous ai choisis,
» et qui vous ai placés, afin que vous al-
» liez, que vous portiez du fruit, et que
» votre fruit demeure. ». Voyons comme,
pour sa part, il a été fidèle au programme
de conduite tracé par le Maître.

I.

« Je vous ai choisis. » M. F., ce seul
mot nous révèle toute une série d'opéra-
tions divines. Les choix de Dieu ne sont pas
comme les nôtres ; ils ne sauraient être
stériles ; les conséquences s'en produisent
aussitôt pour durer à jamais, conséquences
de perdition pour ceux qui méprisent la

(1) Rom. XI.

grâce, conséquences de salut pour ceux qui s'appliquent à la recueillir. Lorsque le voyageur s'arrête stupéfait en présence de ces monuments gigantesques qui, sur la terre d'Egypte, étalent leur majesté tant de fois séculaire, il se dit : quel grand dessein a conçu l'architecte et comme l'exécution a été admirable ! O futurs citoyens de la Patrie céleste, ce n'est pas sur la terre de l'exil que nous pouvons comprendre le dessein de Dieu architecte de l'édifice qui est le salut d'une âme, les merveilles que sa toute-puissance miséricordieuse a inventées pour le fonder, l'édifier, le consommer ; tout cela ne nous sera pleinement révélé qu'à la lumière de l'Agneau. Et toutefois, nous pouvons, dès ici-bas, en entrevoir quelque chose, surtout lorsqu'il s'agit d'un prêtre.

Sur un rocher que les convulsions de la nature ont détaché de nos rivages, s'élève, fière de sa ceinture de remparts, confiante dans les écueils qui protègent ses abords, dans la valeur de ses enfants et la protection de sa Madone, la vieille cité Malouine. J'aurais le droit de lui appliquer l'épithète glorieuse : *Parens virûm ;* car d'elle, plus que de toute autre ville de son importance, on a vu sortir de hautes intelligences et de grands cœurs. C'est là, sur notre terre de Bretagne, terre classique de la foi, du dévouement et de l'honneur, qu'en 1780, naquit Jean-Marie DE LA MENNAIS. C'était le 8 septembre, jour de la Nativité de Marie, sa divine protectrice et le cher objet de son culte.

En 1780, remarquez la date. La vieille société achevait de se corrompre, confirmant par avance la vérité de ce qu'a dit de Bonald : « S'il est vrai que la » peine poursuit le coupable, il est vrai » aussi que le coupable poursuit la peine (1) ». Voltaire, le roi de ce siècle, venait de passer en faisant le mal, et plus que jamais, les âmes restées fidèles avaient le droit de redire la plainte du Roi-Prophète (2) : « Sauvez-moi, Sei-

(1) Lettres, 1817.
(2) Ps. XI.

» gneur, car les saints nous manquent, et
» les vérités ont été diminuées par les en-
» fants des hommes ». Un roi, douce et
pure victime, était assis sur un trône d'où
bientôt il devait descendre pour monter à
l'échafaud. Eglise, Monarchie, Noblesse,
Institutions, tout allait disparaître dans un
effroyable cataclysme. Dieu voulait faire table rase, et venait le moment où devait être
accomplie cette remarquable prophétie du
Tasse : « Cette France aujourd'hui si em-
» bellie par la nature et par l'art, un jour,
» on la verra pâle, défaite et couverte de
» deuil. Elle n'aura pas un temple qui ne
» soit violé, pas une retraite que la fu-
« reur ne souille. La couronne sera veuve,
» ses trésors dissipés, le royaume triste et
» malade, enfin le plus beau rejeton de
» l'arbre royal sera coupé, retranché, et
» la tige foudroyée (1). »

Mais, comme toujours, en même temps
que le châtiment, Dieu préparait le salut.

(1) Jérusalem reconquise, 1593.

Déjà la même ville de Saint-Malo avait donné naissance à celui qui devait réhabiliter le Christianisme, impudemment insulté par Arouet et son école. Et maintenant, voici LA MENNAIS. Destiné à coopérer puissamment au travail de la restauration morale et religieuse de son peuple , il vient à son jour et à son heure : au moment où les fureurs révolutionnaires seront assouvies ou comprimées, il sera parvenu à l'âge d'homme, et pourvu des armes dont il aura besoin pour la lutte.

Ces armes , il les trouva dans une pieuse famille, et dans l'éducation chrétienne qu'il eut le bonheur de recevoir.

Voici que l'orage gronde et bientôt vont arriver les suprêmes déchaînements. L'élu de Dieu s'assied à la table de son Seigneur, pour s'y nourrir du pain des forts, et puis, la main de son Evêque lui imprime le caractère qui fut toujours le trait saillant de sa physionomie : le caractère de soldat de Jésus-Christ.

Mais il ne suffit pas d'être incorporé à

l'armée du divin Roi , d'être en possession
des armes , il faut encore de l'intelligence
et du cœur. Ceux-là surtout qui sont pré-
destinés au rôle de capitaine reçoivent en
abondance les dons célestes , et Jean DE
LA MENNAIS n'en fut point dépourvu. « Le
» Seigneur lui donna la sagesse et l'intelli-
» gence » *Dedit, Dominus sapientiam et
intellectum* (1). Vivacité et profondeur des
conceptions , jugement sûr des hommes et
des choses , connaissances variées autant
que solides , mémoire qui ne chancela que
dans les dernières années, science adminis-
trative à l'épreuve des difficultés , tout cela
joint, d'une part, à son expérience con-
sommée , de l'autre , à son rare talent de
parler et d'écrire , faisait un ensemble tel
qu'on peut , ce semble , sans témérité aucune , le placer au rang des hommes les
plus remarquables de son époque. Personne n'ignore que l'important ouvrage inti-
tulé : *Tradition de l'Eglise sur l'institution*

______

(1) Exode XXXVI.

des Evêques , fut presque exclusivement son œuvre , et qui sait ce qu'il eût pu faire dans cette voie, si d'autres soins n'avaient absorbé tous ses instants ? Vous, MM., qui l'avez connu dans les beaux jours de sa vie et qui, malgré les années, en avez gardé un si vif souvenir , pourriez convenablement parler de cet esprit hors ligne dont je dirais presque ce qu'on a dit de Bossuet: « Rien n'était au-dessous , rien au-dessus » de lui (1) ».

Pour nous, qui n'en avons vu que les ruines, nous les avons admirées , et ce nous était un vrai bonheur , dans les entretiens intimes dont il voulut bien nous honorer , d'assister aux derniers efforts de cette pensée qui ne trouvant plus à la servir qu'une langue devenue indocile , s'en vengeait en irradiant ce front incomparable où se révélait le « génie principal (2) », comme parle l'Evêque de Meaux , en illuminant d'une flamme toute juvénile , ces

(1) Première soirée de Saint-Pétersbourg.
(2) Oraison fun. de Letellier.

yeux dont les glaces de quatre-vingts hivers n'avaient pu amortir l'éclat.

Comment parler de la sensibilité exquise et profonde de ce grand cœur, de sa tendre affection pour les amis qu'il rencontra sur le chemin de la vie ? Hélas ! il a dû subir la triste condition de tous ceux qui mettent longtemps à le parcourir : il a vu ceux qu'il aimait, le précéder dans un monde meilleur, et le laisser, voyageur attardé, dans cette vallée de larmes. Chaque année, lorsqu'il revenait à St-Brieuc, centre principal de ses affections, tantôt l'un, tantôt l'autre manquait à l'appel, et le bonheur qu'il goûtait en revoyant ceux qui restaient, devenait amer à cause de ceux qui n'étaient plus. Mais de tels hommes ne vieillissent jamais par le cœur ; c'est ce que de Maistre a dit de lui-même d'une manière délicieuse en écrivant à son enfant : « Je vous presse avec mes vieux bras sur » mon jeune cœur (1) ». L'abbé DE LA

_____

(1) Œuvres posthumes.

MENNAIS, plus qu'octogénaire, pouvait en dire autant. Le voir et l'aimer, c'était une même chose ; ainsi les vides étaient remplis, et les amis nouveaux s'ajoutaient aux anciens sans préjudice des droits acquis. La source limpide qui jaillissait de son cœur vers leur cœur gardait toujours la même abondance, alimentée qu'elle était par le trésor inépuisable de la charité de Jésus-Christ.

Mais ce qu'il est impossible de taire, et ce qu'à notre époque d'obscurcissement et de défaillances, il importe souverainement de constater chez les hommes dont on célèbre les vertus, c'est qu'en celui-ci, la tendresse du cœur n'en atténua jamais l'énergie; c'est que le principal titre à sa gloire devant Dieu et devant les hommes est d'avoir pu s'appeler : Homme de caractère. On croit trop facilement qu'un homme de caractère est nécessairement un homme dur. Il en est des exemples que je ne veux point contester ; mais nous devons y voir une simple coïncidence, et non une cause produisant son effet. Ce que je sais, et ce que je pourrais facilement démontrer par l'histoire, c'est que, sauf de rares exceptions, les hommes durs pour les autres sont d'une faiblesse déplorable, lorsqu'il s'agit d'eux-mêmes, c'est que beaucoup d'hommes inflexibles, lorsqu'il s'agit du devoir, reculent les limites du dévouement, en face d'une misère à soulager. Un homme de caractère, c'est celui qui, malgré toute chose et malgré tout homme, persiste dans le bien que sa conscience lui montre. C'est le juste tenace que chante le poëte (1), c'est saint Paul défiant toute créature de le séparer de la charité de Jésus-Christ (2), ce sont les Martyrs, ce sont tous les saints, ce sont tous les hommes fidèles à notre vieille devise bretonne : *Potius mori quàm fœdari*. Ce serait là l'épitaphe qu'il faudrait graver sur la tombe récemment fermée, si l'Ecriture n'avait de meilleures paroles pour dire et le rôle du Chrétien, du Prêtre sur la terre, et

(1) Hor. Carm. Lib. III. Od. III.
(2) Rom. VIII.

les récompenses immortelles des cieux.

Aux vainqueurs seuls, la justice de Dieu les réserve, et vous raconter les luttes et les victoires de ce Prêtre, serait vous raconter toute sa vie. La fermeté d'âme dont l'avait doué la Providence grandit au milieu des événements terribles d'alors et auxquels, nonobstant sa jeunesse, il ne put rester étranger. De bonne heure, elle fut mise à toutes sortes d'épreuves, et ces épreuves n'ont fait que la rendre plus invincible. Il avait fini par trouver dans la lutte une sorte de plaisir qu'il avouait avec une simplicité charmante ; au moins préférait-il à une paix corruptrice et menteuse, la guerre et ses inconvénients. Il aimait les situations nettes et les hommes de franche allure. Toute duplicité lui était en horreur chez lui-même et chez les autres, sentiment toutefois qui ne lui fit jamais oublier les règles de la prudence commandée par l'Evangile, et nécessaire à tout gouvernement.

Au reste, sans nous arrêter davantage sur la valeur personnelle de l'abbé DE LA MEN-

nais, il suffira de rappeler que, partout et toujours, il exerça sur ceux qui l'approchèrent une influence prédominante ; nous pourrions citer d'éminents contemporains, même séparés de lui par la foi et les affections, qui l'ont subie sans vouloir s'en cacher.

« Je vous ai placés » *posui vos*. C'est en effet Dieu qui nous place, qui prépare à chacun de nous une carrière hors de laquelle on ne trouve que malheur, et peu de ressources pour le salut, mais qui nous offre des devoirs en rapport avec nos aptitudes, et des grâces puissantes pour nous soutenir et nous aider. Or, il avait orné cette seule âme de dons si précieux dans le but de l'amener au sacerdoce. Mais la voie qui aboutit à ce terme, toujours si pleine de difficultés et de dangers, était alors plus impraticable que jamais.

A l'âge où les passions bouillonnaient dans le cœur du jeune homme, d'autres passions hurlaient autour de lui, passions impies, passions haineuses , passions sataniques. Mes Frères , il est toujours de mode de vanter les grands *principes* de la révolution ; à entendre quantité de docteurs, à lire beaucoup de feuilles et beaucoup de livres, il semblerait qu'un nouvel Evangile eût été révélé au monde, jusqu'alors enseveli dans les ténèbres. Ne perdons point de vue la tactique perpétuelle de l'esprit du mal. Certes, on a dit de belles choses en ce temps d'actions abominables ; mais ces belles choses n'étaient point nouvelles ; dès longtemps Jésus-Christ et son Eglise les avaient enseignées au monde, et, ce qui vaut mieux, les avaient pratiquées. Pour séduire les hommes, l'Enfer usurpe certaines vérités descendues du ciel, il y mêle habilement le venin de ses doctrines qui toutes nues seraient repoussées avec horreur, il offre en pâture ce mélange, cette « putréfaction de la vérité », dit encore de Maistre, et c'est ainsi, comme il arriva alors, comme il arrive en nos jours, que les vrais principes sont méconnus, le mal, appelé le bien, et les esprits aveuglés.

M. F., nous que la vérité éternelle a enseignés, qu'elle enseigne toujours par l'organe infaillible du Vicaire de J.-C., refusons de nous associer à cette sorte d'idolâtrie, sachons séparer le bien de l'alliage impur qui le souille, et gardons notre respect, notre admiration, notre enthousiasme pour ce qui vaut tout cela et bien plus encore : la parole divine qui ne saurait passer (1).

Voilà pour les principes. Quant aux résultats, nous n'avons point ici à nous en faire l'appréciateur ; mais ce que nous pouvons dire avec assurance, et ce qui paraîtra de plus en plus avéré, à mesure que le jour se fera sur le terrain de l'histoire, c'est que le but des auteurs du mouvement était, comme Mirabeau s'échappa à le dire, de décatholiciser la France. LA MENNAIS ne tarda pas à le comprendre, les faits ne tardèrent pas à rendre le doute impossible, et dès lors sa détermination fut prise : je me dévouerai, dit-il, à cette religion qu'on veut détruire et, jusqu'à mon dernier soupir,

(1) *Verba mea non transibunt.* Marc. VIII.

je travaillerai pour que le peuple reste fidèle au culte de ses pères. Soigneusement il garda et entretint le feu sacré allumé dans son âme, son zèle ne recula devant aucun obstacle, et bientôt une démarche irrévocable l'attacha au service de Sion désolée.

M. F., il est dans l'enceinte de la grande capitale un coin de terre demeuré célèbre dans les fastes révolutionnaires à cause de l'épisode sanglant qui s'appelle le Massacre du jardin des Carmes. Là, une pieuse sollicitude conserve debout une modeste chapelle qui porte, sur son pavé et ses murailles, les traces du sang sacerdotal versé par des mains impies. C'est là, dans cette chapelle, que le jour même de l'ordination, l'Evêque amena le nouveau sous-diacre. Jeune homme, dit le Pontife, baise cette terre consacrée à jamais. Rappelle-toi les exemples de ces illustres devanciers, et promets à Dieu d'être fidèle à les suivre ; fidèle jusqu'à la mort, s'il faut subir la mort ! M. F., la promesse a été faite ; dites-nous si ce fut une promesse vaine, et si les Prêtres martyrs ont eu à rougir de leur émule ?

Jamais l'impression de cette scène ne s'est affaiblie dans son cœur, témoin l'émotion qu'après soixante années il manifestait en nous la racontant. L'âge mûrit les hommes ; mais je sais quelque chose qui les mûrit davantage, ce sont de tels enseignements donnés en de telles circonstances. Aussi le pieux lévite, en recevant le sacerdoce, se montra-t-il, dès le premier jour, digne du nom de Prêtre, qui signifie vieillard. Saint Grégoire de Nazianze a dit de saint Basile, et Bossuet a dit d'un autre (1) qu'il était prêtre, avant même que d'être prêtre ; c'est-à-dire qu'il en eut la sainteté avant le caractère. Pourquoi n'en dirais-je pas autant de l'abbé DE LA MENNAIS ? Et pourquoi n'appellerais-je pas en témoignage de sa sainteté d'autrefois celle que mes yeux ont eu le bonheur de contempler ? Foi vive, qui aida peut-être à préserver de la chûte quelqu'un des hommes d'élite qui s'étaient groupés autour

(1) Oraison fun. du P. Bourgoing.

des deux frères et dont nul ne suivit l'in-
sensé dans sa révolte ; confiance en Dieu,
qui l'a fait entreprendre et qui a fait réussir
tant de belles œuvres contre toute prévi-
sion humaine ; amour de la prière, qui le
fit, jusqu'au dernier jour, trouver ses plus
chères délices dans l'office de l'Eglise, que
son cœur goûtait toujours, alors que sa
bouche n'en pouvait plus qu'à peine balbu-
tier les paroles ; zèle ardent pour le salut
des âmes que sa parole, pleine d'autorité et
de chaleur, éclairait et transformait du haut
de la chaire, guérissait et réconciliait dans
le tribunal sacré; charité dévouée qui seule
explique son activité infatigable, aménité
de manières qui, même dans les dernières
années, donnait à son commerce un char-
me indicible, douce gaieté qui fut toujours
sa fidèle compagne, et par laquelle se traduit
le plus éloquemment la paix intérieure que
Dieu seul donne, et qui est le fruit de la
justice, *opus justitiæ pax* (1).

(1) Is. XXXII.

On a dit du pieux Cardinal de Bérulle, que « le plus délicieux objet de sa piété « c'était le très-saint Sacrifice (1). » Le jour même de sa mort, il demeura quatre heures à l'autel, recueillant pour l'achever tout ce qui lui restait de vie, sans pouvoir réussir. Souvent j'ai craint, ou si vous l'aimez mieux, j'ai espéré le même genre de mort pour l'abbé DE LA MENNAIS, tant était ardente sa dévotion pour cet acte principal du Prêtre. En le voyant monter à l'autel, sans tenir compte de l'affaiblissement du corps, la piété s'alarmait quelquefois, à cause du respect du Saint des saints. Mais Dieu renouvelait sa jeunesse comme celle de l'aigle, et bientôt on ne songeait plus qu'à s'édifier de son recueillement profond et de la ferveur de ses adorations.

Tel fut l'homme et tel fut le Prêtre ; voyons-le à l'œuvre.

(2) P. Lejeune, Serm. CXXIX.

II.

Ut eatis. « Je vous ai choisis, je vous ai
» placés afin que vous alliez ». M. F.,
l'homme en recevant le Sacerdoce se cour-
be sous un joug : le joug du dévouement
et de l'obéissance. Mais aussi, le Fils de
Dieu l'associe à sa royauté, il lui donne
une puissance que ne limitent ni les frontiè-
res des empires, ni les montagnes, ni les
fleuves, ni l'immensité des océans. Dans
les circonstances ordinaires, et pour des
motifs faciles à comprendre, le Prêtre demeure attaché à telle ou telle portion du
champ du Père de famille. Mais alors tous
devaient avoir le dévouement du mission-
naire, puisqu'il s'agissait de relever en ce
pays de France tant de ruines que l'impiété
y avait amoncelées. Les hommes comme
celui-ci étaient rares, et les postes impor-
tants les réclamaient où qu'ils fussent.

L'Ecole secondaire que le jeune Prêtre
avait fondée dans sa ville natale, et qui pros-

pérait au-delà de ses espérances, fut bientôt fermée en vertu du régime libéral d'alors , et Mgr Caffarelli , qui se connaissait en hommes , ne tarda pas à l'appeler au partage de son administration et de sa sollicitude. Ici, M. F., je sens le besoin de lutter contre les exigences d'un sujet trop vaste et d'abréger un discours qui se prolongerait outre mesure. Vous dire ce qu'a fait ici l'abbé DE LA MENNAIS en qualité de Vicaire-Général , puis de Vicaire-Capitulaire, me devient impossible. Il faudrait vous parler des difficultés qu'il rencontra et que sut vaincre son énergique prudence ; ces difficultés étaient multiples, et, l'une d'elles surtout, d'une nature extrêmement délicate : la nécessité de subir le concours , et de pourvoir au sort de ces Prêtres un jour infidèles , revenus à résipiscence , mais dont la couronne sacerdotale gardait toujours une certaine flétrissure.—O Seigneur Jésus ! conservez la nôtre pure de tout déshonneur, et si jamais, ce qu'à vous ne plaise , les jours mauvais dont quelques-uns nous menacent venaient à luire encore, puissions-nous tous, guidés par notre Evêque, souffrir la mort plutôt que d'abandonner, de taire nos sentiments de respect, d'amour dévoué, de soumission parfaite pour l'Apôtre Pierre toujours vivant dans son successeur !

Ce furent là toujours les sentiments de celui dont nous honorons la mémoire. Dès son arrivée en ce Diocèse, son but, nous a-t-il dit lui-même, fut l'épuration aussi complète que possible, et Dieu bénit ses efforts.

J'aimerais à vous entretenir de son zèle à fonder des missions par lesquelles il renouvela la face de cette terre, en particulier de celle qu'en 1816 il voulut donner à Saint-Brieuc, et dont les fruits subsistent encore, de son assiduité aux œuvres du ministère en même temps qu'aux soins d'une administration qui, durant cinq années reposa sur lui seul. Mais j'ai hâte de vous parler de son œuvre principale, et je me contente de répéter une parole que l'un de vous, MM., me disait récemment :

c'est l'abbé DE LA MENNAIS qui a semé le germe de tout le bien qui se fait chez nous.

Pour le même motif, je ne le suivrai, ni dans le poste important de Vicaire-Général de la grande Aumônerie de France, qui lui donna une influence si heureuse sur la nomination des Evêques, ni dans le diocèse de Rennes auquel il a rendu d'éminents services comme Supérieur de son Ecole ecclésiastique et de sa Congrégation de Missionnaires. C'est ailleurs qu'il me convient maintenant d'étudier cette belle vie.

Et fructum afferatis. Entendez-le, ô Prêtres, de la bouche de Jésus-Christ même : il faut que vous portiez du fruit. « Malheur au serviteur inutile (1), mal-» heur à la terre abreuvée par la pluie qui » ne produit que des ronces et des épines » (2) ». Malheur au figuier stérile (3). Mais quel fruit devons-nous produire ? La gloire de Dieu et le salut des âmes, me ré-

(1) Matth. XXV.
(2) Heb. VI.
(3) Marc. XI.

pondrez-vous , et cependant la réponse ne me satisfait pas. — Suivant la belle doctrine de saint Paul, l'Eglise est le corps mystique de Jésus-Christ; dans ce corps , chaque membre a reçu sa fonction spéciale; il y a les Apôtres, il y a les Prophètes, puis les Docteurs, puis ceux qui ont reçu divers dons (1). C'est à l'Esprit qui « souffle où il » veut (2) » d'assigner à chacun sa place et son rôle , et il le fait par un certain attrait, par certaines aptitudes , par les circonstances qu'il ménage et par la voix intérieure qui sait parler à tous. Or, quel fut toujours l'attrait principal de l'abbé DE LA MENNAIS? Celui de saint Jérôme , de saint Grégoire le Grand , de saint Augustin, de saint Charles Borromée , de Bellarmin , de Bossuet , de Fénelon et de tant d'autres : le soin de la jeunesse. Cet homme était de son époque , et Satan qui ne change ni de nature ni de but , qui vit de sa vieille vie , comme il l'avouait naguère : *Vitam veterem vivo* (3),

(1) I. Cor. XII.
(2) Spiritus spirat ubi vult. *Joan. III.*
(3) De Mirville. — Esprits.

sait au besoin employer des armes nouvelles, ou du moins les faire passer pour neuves. L'une de ses manœuvres habituelles est de dénaturer le sens des mots ; car, ainsi que le disait un orateur célèbre : «Les » mots les plus suaves sur les lèvres de la » vérité deviennent les plus terribles sur » les lèvres du mensonge (1)». De nos jours, il a donné le mot d'ordre que voici, et qu'on a répété sur tous les tons sans tenir compte des faits qui sont venus le démentir : *l'instruction moralise*. M. F., gardons-nous de nous méprendre sur la portée de cette parole, et sachons faire la distinction qu'elle réclame.

Tout d'abord, je nie que la science ait par elle-même la vertu moralisatrice ; c'est par l'appât de la science que Satan nous a perdus. Elle est indifférente en elle-même, elle n'est qu'un moyen, qu'un instrument ; tout dépend de la façon dont on en use ; or l'expérience atteste qu'on en a trop souvent mal usé. « Je me

____

(1) P. Félix. — Conférences.

— 31 —

» suis appliqué , dit l'Ecclésiaste (1) , à
» connaître la sagesse et la science , et les
» erreurs et la folie , et j'ai compris qu'en
» cela aussi étaient un travail et une afflic-
» tion d'esprit ; parce que dans une grande
» sagesse est une grande indignation , et
» celui qui multiplie la science multiplie
» la douleur ». A mon sens, le vrai com-
mentaire de cette parole sacrée se trouve
dans cette maxime de Bacon le philosophe:
« Peu de science éloigne de Dieu , beau-
» coup de science y ramène ». Or comme
le nombre de ceux qui ont « beaucoup de
» science » en partage est infiniment petit,
il en résulte que la diffusion de l'instruction offre les plus graves dangers. Et de
fait, l'homme qui sait lire, et qui donne en
pâture à son âme les productions de la lit-
térature immonde que vous savez, ou les
élucubrations des journaux du cabaret, est
bien plus éloigné de la vérité et du bien ,
que l'homme des champs instruit seule-

(1) I, 17 , 18.

ment par le spectacle de la nature et le ca-
téchisme de son curé. Certes les termes de
comparaison ne manquent pas , et j'attends
avec confiance le jugement que vous porte-
rez.—Les dangers de l'instruction doivent-
ils donc la faire proscrire et l'obscurantisme
est-il, comme on a eu l'audace de le faire
entendre, le compagnon inséparable de la
religion et des bonnes mœurs? M. F., j'ai,
pour vous répondre, l'histoire de ce que
l'Eglise infaillible a fait dans tous les siècles
pour l'instruction des peuples; seulement à
la science qu'elle a donnée, elle a mêlé l'a-
rôme qui seul, dit encore Bacon, la pré-
serve de la pourriture : la foi dont elle est
la dépositaire. Or , chrétiens , sachez-le ,
dans ce siècle on a, tantôt frauduleusement,
tantôt à ciel ouvert, fait disparaître cet arô-
me , et la science corrompue est devenue
corruptrice. C'était bien là ce qu'on voulait , du reste , et des révélations récentes
sont venues jeter une lumière sinistre sur
des faits par eux-mêmes déjà si lamentables.
Le Souverain Pontife Pie VIII signalait

dans une encyclique l'existence d'une société secrète dont le but était la corruption de
la jeunesse , et déjà le travail se faisait. M.
F., il s'est continué et je voudrais pouvoir
vous dire qu'il s'est arrêté. Vous qui vous
êtes scandalisés, peut-être, de la persistance
de l'Épiscopat à réclamer le droit d'élever
la jeunesse , écoutez ce qu'on voulait faire
de vos enfants : «Notre but final est celui de
» Voltaire et de la Révolution française ,
» l'anéantissement à tout jamais du Catho-
» licisme et même de l'idée chrétienne.
» Ecrasez l'ennemi , mais surtout écrasez-
» le dans l'œuf. C'est à la jeunesse qu'il
» faut aller ; c'est elle qu'il faut séduire....
» Il s'agit de façonner une génération di-
» gne du règne que nous rêvons.... Allez
» à la jeunesse, et , s'il est possible, jus-
» qu'à l'enfance. N'ayez jamais pour elle un
» mot d'impiété ou d'impureté ; dans l'in-
» térêt de la cause vous devez vous pré-
» senter avec toutes les apparences de
» l'homme grave et moral (1) ».

____

(1) Crétineau-Joly : – L'Eglise Rom. en face de la Révolution.

Ces apparences ne séduisirent jamais l'abbé DE LA MENNAIS ; comprenant le péril, il résolut de le conjurer. Vicaire-Capitulaire, il avait appelé à Saint-Brieuc les enfants du V. La Salle toujours si dignes de leur haute mission, et fondé cette Maison de la Providence dont il conviendrait peu ici de rappeler les éminents services. Mais ce n'était point assez pour son zèle. Il voulait une œuvre spéciale, une œuvre qui fût de nature à pourvoir à l'instruction religieuse des fils de sa chère Bretagne, et à déjouer ainsi les projets de l'homme ennemi. Cette œuvre, avant son séjour à Paris, il en avait dans notre ville même, jeté les premiers fondements, et quoique séparé d'elle, il s'en occupait avec activité et succès. Puis sentant combien sa présence lui était nécessaire, il refuse l'Episcopat, quitte la capitale et revient se dévouer exclusivement à sa Congrégation naissante.

M. F., lorsque vous aurez l'occasion de traverser la ville de Ploërmel, au coin d'une petite place, vous apercevrez une masse de bâtiments que domine une belle église de construction récente ; vous approche-rez, et, sur la porte qui s'offrira à vos re-gards, vous lirez ces touchantes paroles du Sauveur Jésus : *Sinite parvulos venire ad me* (1), laissez venir à moi les petits en-fants. O ! M.F., c'était aux Apôtres que Jé-sus-Christ l'adressait, et, par eux, à tous ses prêtres. Laissez, nous dit-il, venir à moi les petits enfants. *Sinite*, permettez-leur. Ne vous bornez pas à ne les point éloigner, mais appelez-les, apportez-les vous-mêmes à mes bénédictions, et tra-vaillez à détruire tout ce qui pourrait les ravir à mon amour. Ce doit être là le pre-mier objet de vos soins, car le royaume des Cieux appartient à ceux qui leur ressem-blent (2). Cette parole, l'abbé DE LA MEN-NAIS l'entendit, elle émut son cœur, c'est pour l'accomplir qu'il a fondé l'Institut des Frères de l'Instruction Chrétienne, et pour qu'on ne se méprenne pas sur ses inten-

(1) Marc. X.
(2) Talium est enim regnum cœlorum. *Matth. XIX.*

tions, il a voulu que chacun la lise en franchissant le seuil de sa demeure.

C'est là qu'il a passé le soir de sa belle vie. En récompense de sa foi, Abraham reçut la promesse d'une postérité innombrable ; mais ses yeux n'en virent point la réalisation. Plus heureux que le Patriarche, cet homme de foi a vu chaque année sa famille, de plus en plus nombreuse, se réunir autour de son Père et réjouir son âme par le spectacle de ses vertus.

Hélas ! ce bonheur n'a pas été sans mélange ; la plus cruelle douleur que puisse ressentir un cœur fraternel et sacerdotal est venue jeter un voile funèbre sur ses dernières années. Le frère, selon la chair, fut un jour son fils selon la grâce, une première fois il put ramener au bercail la brebis égarée; mais il n'avait alors qu'un jeune homme à convertir, plus tard, c'était un Prêtre et il échoua. *Optimi corruptio pessima.*

Son œuvre, parce qu'elle est l'œuvre de Dieu, a souffert persécution; ses réclamations les plus légitimes sont restées sans réponse

ponse ; on a trop souvent méconnu ses services. Rien de tout cela ne le touchait profondément ; ce qui attristait son cœur c'étaient les défections des pusillanimes , c'étaient certaines ingratitudes , c'était , faut-il le dire? le doute. Dieu réserve souvent à ses plus fidèles serviteurs , après qu'ils ont fait leur tâche , cette tribulation suprême. Oui, le Père vénéré d'une famille dont les mille membres, répandus dans toute la Bretagne , dans une partie de la Gascogne , dans le Nouveau-Monde , sur la terre Africaine et jusque dans les îles lointaines de l'Océanie , glorifient Dieu et sauvent les âmes, ce Père , on l'a entendu demander : ai–je véritablement fait une bonne œuvre? le divin Rémunérateur s'est chargé de la réponse.

L'avenir la donnera sur la terre, car il réalisera cette dernière parole du texte : *Et fructus vester maneat* : « Il faut que » votre fruit demeure ». M. F., les œuvres du Prêtre ont un caractère tout spécial : à cause de l'élément divin qui vit en lui, qui agit en lui, elles participent à l'éternité des œuvres de Dieu. Comme son Maître, il vient pour donner la vie et la donner en grande abondance (1), et cette vie, qui se transmet de génération en génération, laisse dans l'histoire une trace qui n'est pas toujours invisible. Telle est l'ineffable paternité dont Dieu honore ceux qui, pour son amour, ont refusé d'en connaître une autre ! D'eux et de celui-ci entre tous, on peut dire ce que saint Ambroise disait du grand Théodose : « Il nous a donc » quittés, mais il ne nous a pas quittés tout » entier : *non totus recessit*. Il nous a lais-» sé ses enfants dans lesquels nous devons » le retrouver, dans lesquels nous le » voyons, nous le possédons (2) ». Il vit en vous, très-chers Frères, il vit en vous, mes Sœurs, il vivra toujours dans ses œuvres dont la sainte influence se perpétuera

(1) Ego veni ut vitam habeant et abundantius habeant. — *Joan. X.*

(2) Ambros. De obit. Theod. Orat.

jusqu'à la consommation des siècles. C'est son souvenir, qui devra toujours présider à vos destinées. Si les nations, comme l'a dit de Maistre, ont un « esprit recteur »(1) dont le maintien est la condition même de l'existence, j'en dis autant des familles religieuses ; pour elles, il n'en est pas d'autre que l'esprit même de leur Fondateur. Lorsque le soleil nous a dérobé ses splendeurs, le crépuscule qu'il laisse nous éclaire longtemps encore, et c'est lui qui prête aux astres nocturnes la lumière qu'ils nous envoient. O que votre infidélité ne lui inflige point une seconde mort, et par vous, que ses fruits demeurent : *fructus vester maneat* !

Et qu'à la pensée de son absence, ne se rattache plus aucune douleur. Le philosophe d'Athènes disait aux amis qui se lamentaient sur sa mort prochaine : « Ne me confondez pas avec mon cadavre. » Et lui vous crie du haut du ciel : « Absent par le

(1) Soirées.

» corps, je suis avec vous par mon cœur.»
Puissiez-vous lui donner le droit d'ajouter
avec l'Apôtre : « voyant avec joie l'ordre
» qui règne parmi vous, et la fermeté de
» votre foi en Jésus-Christ (1). »

M. F., aux jours que nous traversons,
ce ne sont pas les morts qu'il faut plaindre.
Et volontiers je lui appliquerais cette parole
du même saint Ambroise pleurant sur la
tombe de son frère : *Felix tam opportuno
obitu quia non est in hunc servatus dolo-
rem* (2). O mort opportune qui l'a dérobé
aux douleurs présentes, aux douleurs de
l'avenir qui menacent d'être plus cruelles
encore ! *Raptus est ne in manus Barbaro-
rum incideret, raptus est ne totius orbis
excidia videret* (3). Il n'aura point à voir
l'invasion de la pire des barbaries, à assister à la ruine des sociétés qui ont voulu se
passer de Dieu.

O ! M. F., quoiqu'il arrive, comprenons

(1) Col. II.
(2) *Ambros. de excess. patris.*
(3) Ibid.

que Dieu veille sur son Eglise, puisqu'il lui donne de pareils hommes. Hélas ! la tempête se joue de la barque de Pierre, mais elle ne l'engloutira pas. Nous en avons pour garant les promesses divines qui viennent d'inspirer à l'immortel Pie IX ces magnifiques paroles : « Moi » pauvre et faible vieillard, dépouillé de » tout, sans secours, seul et sans appui, » je fais pourtant peur à mes ennemis » et suis pour eux un étrange embar- » ras ; je suis dans la joie, et ma joie » trouble la leur ; car, à travers tous mes » maux, je sens au-dedans de moi une » confiance suprême, et que rien ne sau- » rait abattre, qu'il me viendra un se- » cours imprévu qui me délivrera, je ne » sais quand ni de quelle manière, mais » n'importe, ce secours viendra, j'en suis » sûr. Aussi dois-je dire, et je désire » qu'on le sache, que je resterai ferme » jusqu'à la fin (1) ».

(1) Paroles de S. S. le 29 décembre 1860.

O Seigneur Jésus ! hâtez-vous d'accomplir les espérances de votre Vicaire ; ne considérez point nos iniquités mais ses vertus , ses douleurs et la foi de votre Eglise. Et puissions-nous tous , chacun dans notre voie , à l'exemple du saint Prêtre , travailler à votre gloire , afin de jouir de la récompense qu'il a méritée et dont nous vous supplions de le mettre en possession : *Dona ei requiem sempiternam. — Amen.*